AF262485

TRANSFORMATION

DE NOTRE

SYSTÈME FINANCIER

PLUS D'EMPRUNT

ET

AMORTISSEMENT DE LA DETTE

PAR

JEAN GRÉGOIRE

Prix : 1 franc

PARIS

CHEZ LES PRINCIPAUX LIBRAIRES

DÉPOT CENTRAL, 18, RUE ROSSINI

—

Novembre 1871

TRANSFORMATION

DE NOTRE

SYSTÈME FINANCIER

PLUS D'EMPRUNTS

ET

AMORTISSEMENT DE LA DETTE

PAR

JEAN GRÉGOIRE

PARIS

CHEZ LES PRINCIPAUX LIBRAIRES

DÉPOT CENTBAL, 18, RUE ROSSINI

—

Novembre 1871

TRANSFORMATION

DE NOTRE

SYSTÈME FINANCIER

I

Dans la séance d'ouverture du Conseil municipal du 4 août dernier, M. le Préfet de la Seine *a démontré la nécessité absolue* de contracter un emprunt de *trois cent cinquante millions, indispensables* pour procéder à la liquidation *partielle des charges du passé.*

Nous pensons que le temps de ces *brillantes opérations financières,* de la ville de Paris et de l'État, doit être passé pour toujours, parce qu'il ne faut plus nous précipiter dans ces folles dépenses, qui pourraient bien faire *l'affaire des administrations monarchiques et compagnie,* mais non celle de la population.

Le *haut fonctionnaire* placé à la tête de la ville *comprendra, nous n'en doutons pas,* l'importance de sa mission, parce qu'il doit, *lui aussi,* être inspiré de l'idée régénératrice qui souffle sur notre pauvre France depuis ses malheurs ; ce qu'il démontrera bientôt par des actes, *nous en sommes convaincu*, grâce au puissant concours qu'il trouvera dans la municipalité.

Il faut absolument que les communes et l'État amortissent promptement leurs dettes.

Les transactions, par ce fait, seront facilitées ; de là, augmentation considérable de la production et de la consommation, au lieu de les restreindre, comme le font les nouveaux impôts que l'Assemblée nationale adopte journellement.

L'État et les communes doivent désormais s'administrer comme le fait l'homme *véritablement* intelligent, et par conséquent honnête.

Économisons sur nos dépenses !... par exemple : diminuons *de moitié* le nombre de nos fonctionnaires, — parce qu'ils sont inutiles, — ainsi que les gros traitements ; supprimons le budget des cultes, — tout en respectant la liberté de conscience ; — il y a là environ cinq cents millions à réaliser tous les ans, avec lesquels *on pourrait* développer les facultés intellectuelles, morales et physiques de tous les enfants dont les parents qui, par gêne, incurie, ou toute autre cause, ne peuvent remplir ce devoir, *le premier de tous*.

Élevons donc, par une *sérieuse* éducation, *le niveau intellectuel* de nos populations ; régénérons-les, afin que notre belle patrie *puisse bientôt établir* en Europe la fédération des peuples. C'est là le juste châtiment *qu'elle doit infliger* aux ravisseurs de deux de ses filles, l'Alsace et la Lorraine ! — qu'ils outragent *depuis plus d'une année,* parce qu'elles ont été livrées à l'*ignominie,* à la *trahison,* à la *capitulation* et à l'*acceptation d'une paix honteuse* par les hommes de l'Empire.

La République obtiendra ce résultat quand elle sera administrée par des hommes *possédant le vrai savoir.*

On mettra fin ainsi à ces guerres fratricides, toujours amenées par la rivalité, l'ambition, la méchanceté, la vanité ou le sot orgueil de quelques familles *royales ou impériales* et de leurs très humbles valets, qui, comme *leurs maîtres,* ont la *noble* habitude *de piller le peuple vaincu,* au nom du prétendu droit de leurs victoires.

II

Paris, le 4 août 1871.

A messieurs les membres de la commission du budget.

Messieurs,

J'ai l'honneur de signaler à votre attention, un système financier, pouvant empêcher la création de nouveaux impôts, amortir la dette en quarante-six ans, et *supprimer* les emprunts.

Veuillez agréer, messieurs, etc.

PROJET D'AMORTISSEMENT DE LA DETTE

—

Notre dette va bientôt s'élever à *vingt-trois milliards,* c'est-à-dire plus d'un milliard d'intérêt que l'Etat va payer tous les ans. Le mal est grand ; il faut absolument le conjurer, sinon notre belle et chère France achève de perdre le prestige qui lui reste encore auprès des nations civilisées.

Avec la création de billets d'Etat — *offrant plus de garanties et d'avantages que les billets de la Banque de France* — on remédiera à cette affreuse position.

Ainsi : l'Etat fera tous les ans une émission de cinq cents millions en billets de 20 — 40 — 50 — 100 — 200 — 500 et 1,000 francs. Ces billets seront signés par le caissier principal du ministère des finances et par le ministre, et détachés d'un livre à souche, afin de rendre facile le contrôle des émissions et des rentrées.

Les *billets d'Etat* seront donnés par le gouvernement en payement à ses fonctionnaires, fournisseurs, entrepreneurs de travaux, etc.

La Banque et les caisses publiques recevront et donneront ces billets en payement.

Afin de donner à ces titres la même facilité de circulation qu'aux billets de la Banque de France, cet établissement échangera contre espèces tous ceux qui seront présentés à ses guichets. A cet effet, il lui sera alloué une remise unique de 1/2 0/0 sur le montant de chaque émission, soit deux millions cinq cent mille francs.

Chaque émission de cinq cents millions sera divisée en vingt séries de vingt-cinq millions.

Tous les ans, il sera procédé au tirage d'une série.

Les billets appartenant à la série dont le numéro sortira, seront payés avec les vingt-cinq millions servant actuellement l'intérêt de cinq cents millions de la dette, alors amortis. Ils jouiront de plus d'une prime unique de 3 0/0.

Chaque émission de cinq cents millions se trouvera ainsi entièrement éteinte, vingt ans après qu'elle aura été faite. C'est-à-dire qu'avec l'intérêt qu'on paye aujourd'hui à la dette, par cette combinaison, on remboursera en vingt ans le capital.

Les cinq cents millions de billets mis en circulation tous les ans par l'Etat remplaceront *donc* cinq cents millions en espèces, avec lesquels on amortira également, tous les ans, cinq cents millions de la dette.

Les billets d'Etat seront très recherchés par le public :

1° Parce qu'ils offriront plus de garanties que les billets de la Banque de France, et qu'il leur sera alloué une prime unique de 3 0/0.

2° Et parce que les porteurs des billets d'Etat auront la chance de posséder des numéros appartenant aux séries qui sortiront tous les ans.

En dix ans, l'Etat créera de la sorte cinq milliards en billets, avec lesquels il aura amorti, à cette époque, une somme égale de la dette : et comme pendant ces dix années cinquante-cinq séries de vingt-cinq millions chacune auront été payées — 1,375,000,000 — avec l'argent aujourd'hui consacré à en servir la rente, il ne restera donc plus alors en circulation que.................... 3,625,000,000 fr.
de billets.

En 15 ans, l'Etat aura émis .... 7,500,000,000 fr. en billets, avec lesquels il aura amorti une somme égale de la dette ; et comme pendant ces 15 années 120 séries auront été payées avec l'argent aujourd'hui consacré à servir la rente .... 3,000,000,000 il ne restera plus en circulation que .... 4,500,000,000 fr.
de billets.

En 20 ans, il aura été émis pour.................... 10,000,000,000 fr. en billets, amortissant une somme égale de la dette, et payé 210 séries de 25,000,000 fr. chacune.................... 5,250,000,000

Restera en circulation ... 4,750,000,000 fr.
de billets.

En 25 ans, il aura été émis pour.............. 12,500,000,000 fr. en billets, amortissant une somme égale de la dette et payé 310 séries de 25,000,000 fr. chacune............. 7,750,000,000

Restera en circulation... 4,750,000,000 fr. de billets.

En 30 ans, il aura été émis pour.............. 15,000,000,000 fr. en billets, amortissant une somme égale, et payé 410 séries 10,250,000,000

Restera en circulation... 4,750,000,000 fr. de billets.

En 35 ans, il aura été émis .... 17,500,000,000 fr. en billets, amortissant une somme égale, payé 510 séries 12,750,000,000

Restera en circulation... 4,750,000,000 fr. de billets.

En 40 ans, il aura été émis .... 20,000,000,000 fr. en billets, amortissant une somme égale, payé 610 séries 15,250,000,000

Restera en circulation... 4,750,000,000 fr. de billets.

En 45 ans, il aura été émis .... 22,500,000,000 fr.
en billets, amortissant une somme égale, payé 710 séries 17,750,000,000

Restera en circulation... 4,750,000,000 fr.

de billets.

En 46 ans, il aura été émis .... 23,000,000,000 fr.
en billets, amortissant les vingt-trois milliards de la dette, et payé 730 séries de 25,000,000 fr. chacune..... 18,250,000,000

A cette époque il restera à payer 190 séries, en circulation .... 4,750,000,000 fr.
de billets.

De 46 à 50 ans, il sera payé 80 séries de 25,000,000 fr. chacune.............. 2,000,000,000

Il restera encore à payer 110 séries de 25,000,000 fr. chacune .... 2,750,000,000 fr.

De 50 à 55 ans, il sera payé 100 séries de 25,000,000 fr. chacune.............. 2,500,000,000

Il restera 10 séries de
25,000,000 fr. chacune.....   250,000,000 fr.

Et la 56ᵉ année, les 10 der-
nières séries de 25,000,000 fr.
chacune   250,000,000

En 56 années, les qua-
rante-six émissions de.....   500,000,000 fr.
chacune, soit 23,000,000,000
fr., divisés en 920 séries de   25,000,000 fr.
chacune seront entièrement
payées.

Ainsi, en 46 ans, l'Etat peut amortir sa dette
s'élevant à VINGT-TROIS MILLIARDS; et en cin-
quante-six ans il retirerait tous ses billets de la
circulation, avec lesquels il aurait opéré une
pareille transformation.

C'est de la vingtième à la quarante-sixième
année que l'Etat aurait le plus de billets en circulation, car ils s'élèveraient à la somme de
4,750,000,000 fr. ; ce chiffre est relativement
peu élevé, si on le compare aux deux milliards
cinq cents millions de billets de la Banque de
France, parce que l'Etat offre des garanties autrement importantes que celles de ce puissant
établissement.

Pour la réalisation de ce projet, le Trésor ne
dépenserait que :

1° Les 3 0/0 de la prime
unique, consacrée aux billets,
à mesure que le tirage dési-

gnerait au remboursement les séries auxquelles ils appartien- draient, soit.................. 690,000,000 fr.

2° 1/2 p. 0/0 alloué à la Banque de France pour l'in- demniser du change des billets d'Etat présentés à ses guichets. 115,000,000 fr.

Dépense totale..... 805,000,000 fr.

C'est-à-dire 6 centimes 25 millièmes 0/0, et par an, que coûterait l'amortissement des *vingt- trois milliards* de la dette publique.

Alors les capitaux rechercheraient l'industrie et le commerce : l'Etat n'aurait plus besoin de contracter des emprunts ; le *contribuable* béné- ficierait donc de la somme de un milliard cent cinquante millions qui aujourd'hui sert à payer les créanciers de l'Etat.

Ces faits n'ont pas besoin de commentaires.

PROJET DE LOI

Art. 1er.

Les sommes nécessaires pour amortir les *vingt-trois milliards* de la dette publique seront réalisés au moyen de cinq cents millions en billets de 20, 40, 50, 100, 200, 500 et 1,000 fr., souscrits toutes les années par l'Etat, pendant quarante-six ans.

Art. 2.

Ces billets seront signés par le caissier principal du ministère des finances, et par le Ministre.

Art. 3.

Tous les billets d'Etat seront détachés d'un livre à souche, afin de rendre facile le contrôle des émissions et des rentrées.

Art. 4.

Ces billets seront donnés par le Gouvernement en payement à ses fonctionnaires, fournisseurs, entrepreneurs de travaux, etc.

Art. 5.

Les cinq cents millions en espèces, remplacés tous les ans par cinq cents millions en billets, seront consacrés, par le Ministre des finances, au rachat annuel de cinq cents millions de la dette.

Art. 6.

Chaque émission en billets de cinq cents millions sera divisée en vingt séries de vingt-cinq millions chacune.

Art. 7.

Chaque année, au moyen d'un tirage, il sera payé une série de vingt-cinq millions, par chaque émission de cinq cents millions.

Le jour même du tirage, et pendant les huit

jours qui le suivront, le *Journal officiel* publiera les numéros des séries sorties.

Art. 8.

Toutes les caisses publiques recevront et donneront les billets d'Etat en payement ; et ceux dont les séries sortiront tous les ans seront payés à présentation dans ces caisses, ainsi que la prime unique de 3 0/0 qui leur est allouée.

Art. 9.

La Banque de France recevra au change, contre espèces et sans intérêt, les billets d'Etat ; à cet effet, il lui est accordé une remise de 1/2 0/0 sur la totalité de chaque émission.

Paris, le 6 août 1871.

A M. Dorian, député à l'Assemblée nationale.

Monsieur Dorian,

Je vous soumets un nouveau système financier, ayant pour but l'amortissement de la dette — en quarante-six ans, — *sans avoir recours aux emprunts ni à de nouveaux impôts.*

Hier samedi, jai déposé à la commission du budget ma combinaison financière, avec les articles qui pourraient servir de base à un projet de loi.

Ce projet est conforme à celui que j'eus

l'honneur de vous remettre, le 14 juin dernier, relativement à la reconstruction de nos monuments détruits.

Veuillez agréer, etc.

J. G.

III

On lit dans le journal la *Cloche*, du 14 août :

LES PROJETS

« Depuis que les malheurs, qui viennent toujours par bande, comme le dit la sagesse des nations, se sont abattus sur notre pays, nombre de projets ont été émis pour amener la reprise des affaires et soulager le Trésor public.

« La *Cloche* a publié ou analysé divers de ces plans, qui presque toujours pèchent par l'un ou l'autre des points suivants : intervention de l'Etat, providence dans les affaires des citoyens, ou création de papier-monnaie.

« M. Jean Grégoire nous remet un projet de loi en 9 articles, qui tendrait à un remboursement de la dette publique par un mode avantageux pour le Trésor.

« Voici le mécanisme proposé :

« Chaque année, l'Etat émet pour cinq cents millions de billets de vingt à mille francs, qui ne portent point intérêt et sont reçus comme monnaie dans les caisses publiques et à la

Banque de France. Au bout de dix ans, par exemple, il aura été émis pour cinq milliards de titres. On aura employé cette somme à rembourser les porteurs de rente suivant le droit qui appartient à l'Etat, comme à tout débiteur, de désintéresser son créancier. Au lieu de rente, le public aura entre les mains des billets d'Eta$_t$ qui seront en circulation. Quand l'Etat en aura émis pour une somme égale au capital de la rente, il n'aura plus d'intérêt à servir pour la dette publique, et le bénéfice est évident. C'est trois à quatre cents millions de moins au budget.

« Reste à retirer le papier de la circulation. L'Etat le rachètera en remboursant en espèces — le texte du projet ne le dit qu'implicitement — annuellement pour vingt-cinq millions de billets par tirage au sort. Une prime légère est attachée aux billets remboursés. En résumé : rembourser la dette avec du *papier-monnaie*, amortir à la longue ce papier avec le bénéfice que fait l'Etat en ne payant pas d'intérêt, telle est l'économie du projet.

« On voit que cela se rapproche beaucoup du plan de M. Menier, publié dans la *Cloche*.

« Ce mode de remboursement pêche par la quantité de papier à émettre. Après cinq ans, il aurait été émis pour deux milliards et demi de papier, pour cinq milliards après dix ans, pour dix milliards après vingt ans. Toutefois la façon dont sont échelonnées les émissions et la destruction du papier est ingénieuse. Après dix ans, si cinq milliards étaient en circulation , cinq cents millions auraient été amortis (1). Un pays ne peut supporter la circulation du papier au delà d'un certain chiffre. Pourtant la Banque, depuis un an, a créé de véritables assignats par l'extension, inconnue jusqu'à présent, du crédit qu'elle a donné à l'Etat. La limite de l'émission du papier peut donc être reculée, quand elle est soutenue par la confiance dans l'Etat débiteur. Peut-être y a-t-il là des horizons nouveaux ; mais, en ces matières, ce n'est qu'en tremblant qu'on s'éloigne des sentiers battus, et difficilement on trouverait des hommes assez hardis pour prendre la responsabilité de l'aventure.

« Le projet de M. Grégoire est un progrès sur celui de M. Menier, et nous croyons qu'il y aurait avantage pour la science à creuser cette idée, qui a besoin de s'éloigner encore davantage de l'utopie. »

Voici notre réponse, qui fut insérée dans le même journal, numéro du 19 août :

A Monsieur Ulbach, rédacteur en chef du journal
la Cloche.

« Monsieur,

« Le rédacteur de l'article — les Projets, —

______

(1) Le rédacteur de cet article ne s'est pas rendu compte que 55 séries de 25 millions chacune, soit 1,375 millions (au lieu de 500 millions, qui ne représenteraient que 20 séries) seraient déjà éteintes !

2

paru dans la *Cloche* du 14 courant, a très bien exposé mon projet d'amortissement de la dette ; seulement le fait principal (la mise en pratique) n'ayant pas été suffisamment développé , permettez-moi de le compléter par les lignes suivantes :

« Les cinq cents millions de billets mis en circulation tous les ans par l'Etat — pour amortir une somme égale de sa dette — sont remboursés en vingt années *avec les vingt-cinq millions annuels destinés aujourd'hui à en servir la rente.*

« En vingt ans, l'Etat crée ainsi dix milliards en billets avec lesquels il amortit une somme égale de la dette ; et comme tous les ans il rembourse le vingtième de ses émissions, il en résulte qu'à cette époque *cinq milliards deux cent cinquante millions* seront déjà retirés de la circulation ; il ne resterait donc plus que *quatre milliards sept cent cinquante millions,* qui se rembourseraient en vingt annuités dont la moyenne est de deux cent trente-sept millions cinq cent mille francs.

« En vingt années, l'Etat amortirait ainsi une dette de dix milliards, et en quarante ans il rembourserait tous ses billets, s'élevant à une somme égale.

« Ainsi, *l'intérêt de la dette paye son capital,* et l'Etat ne dépense que trois cents millions pour la prime unique de 3 0/0, consacrée aux billets, à mesure que le tirage appelle les séries au remboursement.

« Les quatre milliards sept cent cinquante millions de billets d'Etat en circulation sont relativement bien inférieurs aux deux milliards cinq cents millions en billets de la Banque de France, parce que l'Etat offre des garanties autrement importantes que celles de la Banque ; ce fait n'est pas discutable.

« Les billets d'Etat, émis dans de pareilles conditions, ne peuvent que contribuer au développement de l'industrie et du commerce en facilitant les transactions, parce qu'on n'aura plus besoin de créer de nouveaux impôts, ni de recourir à l'emprunt. Les conséquences de ces deux faits seront on ne peut plus avantageuses pour notre malheureux pays.

« Dans cet espoir,

« Agréez, etc.

« J. G. »

IV

Paris, le 31 août 1871.

A Messieurs les Membres de l'Assemblée nationale

MESSIEURS,

Les malheurs que la France subit nous imposent à tous, — principalement à votre Assemblée, — de graves devoirs à remplir.

Bien pénétré de cette pensée, je me suis appliqué à trouver une organisation économique capable de remplacer celle, si défectueuse, qui nous régit. Ainsi, l'emprunt *enrichit une foule de banquiers, ruine l'Etat, démoralise le peuple en le poussant vers les spéculations de Bourse, et le surcharge d'impôts.*

Nous ne voulons plus suivre les traces du passé, comme vous paraissez disposés à le faire : revenir en arrière *n'est plus possible ;* le tenter, ce serait nous perdre.

Il faut maintenant des institutions *intelligentes et honnêtes,* c'est-à-dire justes, qui sortent la nation de l'abîme dans lequel l'Empire l'a précipitée.

Le 4 de ce mois, j'eus l'honneur de remettre à la Commission du budget, par l'intermédiaire de **M.** Casimir Périer, l'un de ses membres, un projet *d'amortissement de la dette, sans recourir à de nouveaux impôts,* permettant à l'Etat de se libérer envers *tous ses créanciers, de faciliter ainsi les transactions commerciales, et par conséquent d'augmenter les recettes ;* tandis que les nouveaux impôts que l'Assemblée nationale adopte journellement *les restreindront dans des proportions considérables,* ce qui portera un grand préjudice au Trésor et surtout aux travailleurs.

Le budget est surchargé de trois à quatre cents millions de *dépenses inutiles*..... personne ne l'ignore, et vous venez frapper le travail !

Veuillez donc, Messieurs, éloigner *un instant* de votre pensée *nos vieux préjugés... financiers,* et vous reconnaîtrez alors que le projet qui a été remis à votre Commission du budget, et que je vous soumets, renferme des éléments bienfaisants pour notre malheureuse patrie.

A ce titre, il mérite toute votre attention.

Daignez agréez Messieurs, etc.

J. G.

V

Paris, le 20 octobre 1871.

A Messieurs les Membres du Conseil municipal de Paris.

Messieurs,

La dette de la ville, et les malheurs qui nous accablent depuis une année, obligent le Conseil municipal à adopter un nouveau système financier qui soit en harmonie avec sa position et l'institution républicaine.

Les emprunts scandaleux faits jusqu'à ce jour ne sont plus de notre époque !... Il faut absolument mettre un terme à tous ces *tripotages* qui enrichissent *une foule de banquiers et d'agents de change, ruinent la ville, démoralisent le travailleur en le poussant vers les spéculations de Bourse, et le surchargent d'impôts.*

Les efforts que vous faites pour ramener le travail dans Paris *et l'ordre dans ses finances* prouvent que vous voulez *en finir avec les vieux préjugés* administratifs. Ce qui m'autorise à

vous soumettre une combinaison économique,
pouvant non-seulement obtenir ce résultat, en
reconstruisant nos monuments détruits et en
continuant les grands travaux que le *manque
d'argent* et la guerre ont forcément interrom-
pus, mais encore parvenir, en quarante années,
à amortir les dettes municipales, qui, je crois,
s'élèvent à environ deux milliards.

COMBINAISON

conforme à celle de

L'AMORTISSEMENT DE LA DETTE PUBLIQUE

—

Les fonds nécessaires à l'exécution de tous les
travaux seraient émis par la ville, absolument
comme dans le projet d'amortissement de la
dette.

Le caissier principal de la Ville et le Président du Conseil municipal signeraient les billets qui seraient donnés en payement à ses
fonctionnaires, fournisseurs, entrepreneurs de
travaux, etc.

La Banque de France et les caisses publiques
recevraient et donneraient également ces titre
en payement.

La Banque de France changerait contre espè

ces ceux qui lui seraient présentés, moyennant une remise unique de 1/2 0/0 (soit 250,000 fr.) sur le montant de chaque émission de cinquante millions.

Cinquante millions de billets seraient émis tous les ans, — que nous croyons nécessaires, — divisés aussi en vingt séries de deux millions cinq cent mille francs chacune ; de même que tous les ans il serait procédé au tirage d'une série par chaque émission, qui se trouverait ainsi entièrement éteinte vingt ans après.

En dix ans, la Ville créerait de la sorte cinq cents millions, avec lesquels elle ferait exécuter pour une somme égale de travaux ; et comme pendant ces dix années cinquante-cinq séries de deux millions cinq cent mille francs chacune auraient été payées (cent trente-sept millions cinq cent mille francs), il ne resterait que...................... 362,500,000 fr.

de billets en circulation.

En quinze ans, elle aurait créé........................ 750,000,000 fr. en billets.

Fait exécuter pour une somme égale de travaux et payé 120 séries de 2,500,000 francs chacune................... 300,000,000 fr.

Resterait en circulation... 450,000,000 fr.

en billets.

En vingt ans, elle aurait créé 1,000,000,000 fr. en billets, et fait exécuter pour une somme égale de travaux et payé 210 séries de 2,500,000 francs chacune .... 525,000,000 fr.

Resterait en circulation... 475,000,000 fr.

en billets.

Admettons qu'à cette époque la Ville ait terminé ses grands travaux, il lui resterait encore à payer 190 séries de 2,500,000 francs chacune.... 475,000,000 fr.

De 20 à 25 ans, 85 séries seraient payées............... 212,500,000 fr.

Il resterait à payer 105 séries 262,500,000 fr.
De 25 à 30 ans, 60 séries seraient payées............ 150,000,000 fr.

Il resterait à payer 45 séries 112,500,000 fr.
De 30 à 35 ans, 35 séries seraient payées............ 87,500,000 fr.

Il resterait à payer 10 séries 25,000,000 fr.
De 35 à 40 ans, 10 séries seraient payées............ 25,000,000 fr.

Ainsi, en quarante années, les vingt émissions de cinquante millions chacune (soit un milliard), divisées en quatre cents séries de deux millions cinq cent mille francs, seraient entièrement payées.

Cette opération se ferait moyennant la prime
unique de 3 0/0 s'élevant à...   30,000,000 fr.

Et la remise de 1/2 0/0
pour la Banque de France, soit   5,000,000 fr.

Dépense totale........   35,000,000 fr.

C'est-à-dire, 08 centimes 75 millièmes 0/0
et par an, qu'aurait coûté l'amortissement du
milliard consacré aux travaux de la Ville.

La vingtième année serait celle qui aurait le
plus grand nombre de billets en circulation,
car ils s'élèveraient à la somme de quatre cent
soixante-quinze millions. Ce chiffre est peu
élevé, proportionnellement à ceux émis par la
Banque de France, car la ville de Paris offre
des garanties bien plus grandes que celles de
cet établissement important.

L'amortissement des dettes de la Ville, s'élevant à environ deux milliards, s'opérerait tout à
fait de la même manière que celui de l'Etat.

VI

La Commission du budget n'a sans doute pas
jugé notre projet *réalisable ;* elle n'a dû voir en
lui qu'une *utopie* (mot employé assez généralement par les personnes dont l'intelligence est
paresseuse, ou *myope,* pour caractériser une
idée qu'elles ne *veulent* ou ne *peuvent* comprendre). N'est-ce pas tout naturel de la part de
gens qui ne *veulent pas* qu'on sorte du bour-
bier le char (-à-bancs) de l'Etat, dans lequel

l'ont mis les *habiles politiques*, qui depuis si longtemps sont au *pouvoir ?* Elle a préféré adopter les projets d'impôts *de l'intelligent manufacturier* de Rouen, M. Pouyer-Quertier, ministre de nos finances, parce qu'ils sont en harmonie avec les idées d'économie *politique et sociale* qui animent ces Messieurs, ainsi que l'honorable majorité de l'Assemblée nationale de Versailles, *notre immortelle souveraine !*

Cette Commission pouvait-elle soumettre à ses collègues de l'Assemblée, dont la généralité représentent les possesseurs du *Capital-argent*, un projet ayant pour but d'*enlever* à ce dernier la puissance qu'il possède ? Ces Messieurs ont ont dû se dire : Comment ! *on ose* soumettre à notre sanction un projet de loi qui *obligerait* l'Etat à amortir promptement sa dette et à ne jamais faire d'emprunts ? Mais alors on ne pourrait plus placer *ses fonds* sur le Trésor, puisqu'il ne donnerait aucun intérêt ! La rente n'existant plus, que deviendraient *ces pauvres* agents de change et toutes les autres personnes *qui vivent* des *fluctuations* de la Bourse ? L'argent perdrait tout à fait son *omnipotence*, puisqu'en *réalité* il ne serait qu'une marchandise plus ou moins précieuse ! Alors ceux qui en auraient seraient forcés, — *s'ils voulaient le faire produire*, — de l'offrir à l'industrie, au commerce, c'est-à-dire aux producteurs ! *Ce projet est donc inadmissible.*

Telles ont *dû être les observations et la con-*

clusion des honorables qui ont *daigné* jeter les yeux sur la combinaison que nous eûmes l'honneur de remettre à M. Casimir Périer, le 4 août dernier.

Nous sommes convaincu que les contribuables, — tout en approuvant l'*appréciation* que nous venons de supposer à nos représentants, — seraient au contraire pour l'adoption de notre projet, parce qu'ils auraient plus *d'un milliard* de moins d'impôts à payer tous les ans, — (ou bien on pourrait avec cette somme faire de *très grandes et utiles choses,*) — ce qui les intéresserait assez pour captiver *un peu* leur attention sur une idée *qui pourrait bien servir de base* à la création d'un nouveau systéme financier apportant un grand soulagement aux nombreuses souffrances *des producteurs.*

Le conseil municipal de Paris devrait bien, malgré les difficultés qu'il rencontre dans la loi *spéciale* qui le régit, *s'occuper* de notre *proposition*, dont l'adoption, — *si elle était possible*, — donnerait à la ville les moyens de hâter le développement du bien-être intellectuel, moral et matériel de ses habitants, si calomniés, si outragés... pendant qu'ils étaient si héroïques devant l'ennemi de la France! A vous, messieurs les membres du Conseil municipal, de préparer cette brave, noble et intelligente ville au rôle qu'elle doit jouer dans le grand acte *d'amélioration sociale* qui va bientôt s'accomplir en Europe.

CHAPITRE III

LA FEMME

§ 2.

« On ne saurait apporter trop de soins au développement physique et intellectuel des enfants, car notre plus ou moins d'intelligence dépend de la conformation physique des organes. Il qu'il y ait surtout harmonie chez ceux qui contribuent à la développer ; car, indépendamment de la bonne conformation du cerveau et du système nerveux qu'il fait mouvoir, il faut encore que le sang qui l'alimente soit pur, et sa circulation régulière, pour que cette intelligence s'y développe librement. Ainsi en est-il d'une plante placée dans un terrain à sa convenance, que l'on arrose au moment voulu et selon ses besoins ; non-seulement ses produits sont meilleurs, mais encore plus abondants que celle de même nature qui, sur le même sol, recevrait trop ou pas assez d'eau et à des époques non voulues.

Le sang est à l'intelligence ce qu'est l'eau à la récolte.

Purifions notre sang par le bien-être : alors l'intelligence, la santé et la morale y gagneront considérablement.

Quand le cerveau d'un individu est parfaitement conformé et que le sang qui l'alimente est sain, cet homme doit avoir une intelligence supérieure, mais il faut qu'elle soit développée. La généralité de ces riches natures reste cependant inculte ; et nous nous croyons au siècle de lumière ! » . . . .

Même chapitre

§ 6.

« Que la femme régénérée se dévoue et qu'elle combatte le mal produit par cette littérature immorale, qui est enfantée par l'incohérence des pensées d'une imagination délirante et viciée ;

conséquence inévitable d'une éducation qui repose tout à la fois sur des *principes* superstitieux et mondains, qui contribue à égarer son sexe en faussant son jugement et son cœur, et en développant en lui tous les germes honteux de luxure, de convoitise et de superstition ; fruit amer de l'ignorance et de la mauvaise foi de ceux qui jusqu'ici furent les instituteurs de la femme.

Il existe dans le cœur de la femme des nuances de sentiments qui lui sont propres, et que par conséquent l'homme est impuissant à décrire. Ne faut-il pas qu'elle enrichisse la société de tous ses nobles sentiments, afin de faciliter la marche du progrès humain ?

La femme doit aussi être médecin : est-ce qu'un grand nombre de maladies auxquelles la femme est sujette, surtout dans nos grandes villes, par le fait d'une mauvaise hygiène, ne se développent pas souvent et prennent un caractère alarmant parce qu'elle n'ose accorder toute confiance au médecin, par un sentiment de crainte et de honte, sa pudeur se révoltant à la pensée de se faire visiter par un homme ? »

. . . .

Même chapitre

§ 7.

« Le jour où toutes les femmes auront conquis leur *indépendance* par le bien-être produit du travail et par une bonne éducation , dis-

paraîtront naturellement toutes ces pauvres
créatures qui font rougir leur sexe et qui ne sont
que le produit de l'ignorance dans laquelle les
sociétés ont vécu jusqu'à ce jour : honteuse de
cette affreuse plaie, la société, plutôt que de s'ac-
cuser, l'attribue à la nature !

O honte ! vous n'avez pu trouver un remède
à ce mal, et pour vous justifier vous proclamez
qu'il est inhérent à l'espèce humaine ! »

. . . .

CHAPITRE IV

LE MARIAGE

§ 2.

« Aujourd'hui, dans notre société, les relations
d'amour vrai constituent l'exception, où l'intérêt
égoïste domine les sentiments du cœur. La généralité des mariages repose uniquement *sur
les convenances de position*, et non sur la sym-
pathie naturelle de deux êtres faits pour s'unir
selon les lois de la nature et de la sagesse humaine ; ils s'unissent sans se connaître, après
avoir seulement éprouvé cet entraînement physique que nous ressentons tous, plus ou moins,
pour l'autre sexe.

C'est une union égoïste, produit boiteux de
notre civilisation bâtarde; car la morale et la
raison veulent qu'indépendamment de l'attraction physique, le mariage repose sur la sympa-
thie morale et intellectuelle, ce qui constitue
l'amour vrai.

Malheur aux personnes qui en se mariant négligent ces conditions, qui doivent faire le charme et le lien véritable de la famille ! Leur union sera malheureuse, car aussitôt que la passion — que nous confondons presque toujours avec l'amour, — *s'éteindra*, ce qui arrivera dès qu'elle sera satisfaite, il ne restera plus rien qui soit capable de fixer les époux l'un près de l'autre; au contraire, tout tendra à les séparer, car ils n'éprouveront pas cette attraction morale et intellectuelle qui est l'*âme* de la véritable union des sexes. Le penchant momentané que ces personnes éprouvent n'est que le résultat de l'erreur, ils ont été victimes de l'entraînement des sens, voilà tout : c'est pour cela que nous voyons tant d'inconstance chez l'homme ; *le devoir et la pudeur* retiennent souvent la femme qui se respecte, mais l'homme en a bientôt rejeté le frein. » . . . .

Même chapitre.

§ 5.

« La femme séparée de corps d'avec son mari est, *comme toutes les autres*, exposée à mettre des enfants au monde. Qu'a-t-on à répondre à celles qui subissent cette loi de la nature, et quelle position la société leur fait-elle ? Ne sont-elles pas déshonorées à ses yeux ? Afin d'éviter cet opprobre, *ne cachent-elles pas leur faute*, et pour atteindre ce résulat, que ne font-elles pas ? Ne deviennent-elles pas criminelles ?

Les enfants issus après la séparation se trouvent dans la position de ne pas avoir de *père officiel* ; à moins que l'on n'emploie des *moyens frauduleux* pour leur faire porter le nom d'un homme *qui est bien l'époux de leur mère* par devant la loi, mais qui *en réalité ne lui est plus rien*. O société ! tu veux paraître morale, sachant que tu ne l'es pas ! Tu n'es qu'une hypocrite ! »   .   .   .   .

CHAPITRE V

LE LUXE

§ 2.

« La société condamne les assassins à la peine capitale, ce qui prouve que nous sommes encore dans un état voisin de la barbarie, — tandis que sa mission doit être d'amener le repentir chez le coupable, *au lieu de le tuer*. Notre ignorance est tellement grande que nous ne pouvons *encore* comprendre *que nul n'a le droit d'arracher un seul cheveu de la tête de son semblable !*

« Il faut, par de bonnes institutions, éviter que les idées criminelles prennent naissance dans notre cerveau.

« Lorsque nous serons organisés conformément à la *loi sociale*, les crimes seront excessivement rares, parce que chacun devra et pourra par son travail, acquérir tout ce qui sera nécessaire à une existence honorable, et qu'il y aura *toute*

*impossibilité de pouvoir s'approprier le bien
d'autrui.* »

Même chapitre

§ 5.

. . . .

« L'éducation que nous recevons aujourd'hui
est complément fausse, puisqu'elle nous tient
plongés dans l'ignorance des vrais principes, qui
consistent à ne voir dans ses semblables que des
êtres égaux à soi. N'avons-nous pas la même
organisation et ne sommes-nous pas susceptibles
par conséquent de parvenir, par une bonne éducation, à la véritable dignité que nous sommes
tous appelés à avoir un jour ? Est-ce que, en nous
créant, la nature établit des distinctions ? Ne
sommes-nous pas chacun un membre de l'hu-
manité, et ne subissons-nous pas la même loi ?
Dès lors nous devons aimer notre prochain
comme nous-mêmes.

« Ce n'est que le hasard de notre naissance qui
fait que nous recevons telle ou telle éducation,
tel ou tel préjugé ! Le jour où la société sera une
véritable mère pour tous ses enfants, pense-t-on
que les hommes et les femmes seront livrés *au
hasard* de leur naissance ? Il y aurait absurdité
à le croire ! Tous, au contraire, recevraient une
éducation complète, conforme à la raison ; l'hu-
manité serait alors dans le vrai, puisque les facultés de chacun auraient été développées à l'a-
vantage de tous » . . . .

CHAPITRE VI

LE TRAVAIL

§ 6.

« L'homme n'a pas le droit de rester sans rien faire, il faut qu'il produise suivant ses facultés, afin d'accroître la richesse publique, et c'est de cette *mamelle maternelle* que doit couler le lait bienfaisant où tous ses enfants pourront satisfaire tous leurs besoins légitimes.

« Alors on ne verra plus ce que l'on voit de nos jours : une partie de la population, celle qui consomme beaucoup et qui produit peu et souvent rien, avoir des maladies produites par les excès en tout genre qu'elle commet ; de même aussi que l'autre partie, et celle-là est la plus nombreuse, qui ne consomme presque pas et qui travaille cependant beaucoup, avoir également des maladies produites par l'excès de travail et l'abstinence de tout ce qui lui est indispensable.

« Ainsi, d'un côté, maladies *physiques, intellectuelles et morales*, pour cause d'excès de toute sorte ; de l'autre aussi, maladies *physiques, intellectuelles et morales*, provenant de privations constantes et d'un travail excessif.

« Que les premiers travaillent un peu plus et consomment *beaucoup moins ;* que les seconds travaillent moins et consomment *suivant leurs besoins* : alors sera résolue la première et prin-

cipale partie du grand problème de l'hygiène
publique ! Nous sommes convaincu que ce
moyen, employé, ferait plus pour la santé
du peuple que toutes les Facultés de médecine
du globe. »

CHAPITRE XII

ADMINISTRATION MUTUELLE

§ 2.

« Ainsi, tous les produits nécessaires au travailleur seront à sa disposition ; chacun ayant droit
à ceux dont il aura besoin, jusqu'à concurrence
de son avoir.

« Avec l'*Administration mutuelle*, tout ce qui est
faux dans les affaires disparaîtra, ainsi que l'im-
moralité qu'elles engendrent, puisque tout le
monde produira selon ses facultés et que chacun
trouvera à l'*Administration mutuelle* de sa profession, en échange de ses produits et sans *intermédiaire aucun*, tout ce qui sera nécessaire à
une existence honorable. Le producteur, faisant
ses propres affaires, ne sera plus subordonné aux
possesseurs de l'argent, aujourd'hui omnipo-
tents, et à cette époque obligés de produire,
eux aussi, comme tout le monde.

« Les produits ne seront plus falsifiés dans des
proportions scandaleuses et souvent nuisibles à
la santé, comme la plupart de ces avides mar-
chands le font de nos jours, afin *de réaliser*
promptement des bénéfices considérables sur le
producteur et le consommateur.

Même chapitre

§ 7.

« Les *Administrations mutuelles* des différentes profession de la femme seront naturellement administrées par elle. Les ateliers étant ouverts à toutes celles de la même industrie et les jeunes filles sortant de l'institut y étant dès le principe, en très petit nombre, il devra dès lors être pris toutes les précautions, afin d'éviter qu'elles ne trouvent dans ces réunions des éléments de démoralisation. Ainsi, toute femme dont la conduite serait légère, soit par ses manières ou ses conversations, sera placée dans un atelier spécial ; cela ne l'empêchera pas de profiter de tous les avantages de l'*Administration mutuelle*. Ces précautions sont prises afin d'éviter la contagion du mal dans les parties saines.

« Tous les ans, les instituts rendront à cette profession de nouveaux membres, dont la pureté, grâce à leur bonne éducation, viendra augmenter la moralité, de même que tous les ans aussi, le vice diminuera par le fait même de ce que la jeune génération remplacera peu à peu la vieille et ses désordres avec elle. »

CHAPITRE XIV

§ 5.

« Il faut donc que l'on fasse pour le médecin ce que nous avons dit de faire pour toutes les professions, c'est-à-dire que l'on ne soit reçu docteur que quand on sera né avec toutes les facultés réclamées pour l'exercice de cet art ; car, selon nous, les natures d'élite peuvent seules réunir les qualités et le savoir nécessaires à l'exercice d'un art qui est la base de l'existence sage et rationnelle de la société elle-même.

« Quand la médecine sera exercée conformément *au bon sens*, ainsi que tous les hommes véritablement intelligents le comprennent, le médecin remplira dans la société humainement organisée une fonction égale à celle de l'instituteur.

« Ne doivent-ils pas être tous les deux, en effet, les guides naturels de l'espèce humaine, et arriver par le savoir et la morale à lui faire acquérir toute la plénitude des nobles qualités que la nature a mises en elle ? A eux appartient la mission de régénérer l'homme et la femme.

« Nous serons alors des êtres dignes et raisonnables ; notre cerveau ne sera plus *une machine capricieuse*, fonctionnant *au hasard* ; il agira, au contraire, avec précision et ensemble. Cela se comprend : notre tête ne pourra plus être comme aujourd hui *farcie* de mille projets dont la lutte produit une telle incohérence d'idées que, la plupart du temps, nous paraissons dénués de sens commun, ce qui donne un faux jugement et engendre la mauvaise foi. Nous doutons de tout, nous courons *au hasard* après ce que nous croyons devoir assurer *notre bonheur*, même au détriment de notre prochain... Presque toujours, au lieu du bonheur que nous cherchons, nous ne trouvons que déception, et cela parce que notre ignorance nous livre à nos mauvais instincts, et que chacun voit généralement dans son semblable *un concurrent* prêt à lui disputer ce qui est nécessaire à son existence ; de là le fameux *chacun pour soi*, qui nous rend égoïstes, lâches et méchants ; et comme l'homme est naturellement disposé à juger les autres d'après ses sentiments personnels, il en résulte que les bons et les *naïfs* sont toujours victimes des méchants et des *roués*. »

Même chapitre

§ 9.

« L'application que nous faisons de la mutualité est une des bases de la moralité, puisque tous indistinctement se créeront des rentes avec une partie des bénéfices qu'ils réaliseront sur eux-mêmes, bénéfices qui jusqu'à présent ont été absorbés par des tiers.

« L'assurance sur la vie, telle que la pratiquent aujourd'hui les Compagnies d'assurances, per-

vertit souvent le sociétaire, qui s'habitue à spé-
culer sur l'existence d'autrui. De nombreux
faits dévoilés devant les cours d'assises, justi-
fient notre dire. Nous ajouterons que peu de
personnes peuvent profiter de la mutualité de
l'assurance actuelle, parce qu'il faut avoir une
aisance relative pour se faire assurer, aisance
que ne possède pas la masse de la population,
puisqu'elle n'a pas souvent de quoi vivre conve-
nablement.

« Les Compagnies d'assurances sont des inter-
médiaires qui prélèvent de très fortes primes
qui leur font acquérir des fortunes considérables,
fortunes qui, avec l'*Administration mutuelle*,
resteront la propriété de tous au prorata de leur
production, de leur économie et de leur consommation.

« Le lecteur doit comprendre qu'une pareille
organisation sociale, reposant sur *le travail de
tous*, sera la mise en pratique *du devoir et du
droit* de chacun, réclamés depuis 1789 sous tant
de formes différentes.

« Tout se perfectionne et s'harmonise par le
travail : le travail est dans tout et partout, *la
société* sera bientôt *forcée* de reconnaître cette
vérité. Elle en fera la base de ses institutions,
conformément aux idées que nous émettons dans
cet ouvrage. »

CHAPITRE XXVIII

LA DERNIÈRE GUERRE ET SES CONSÉQUENCES.

§ 3.

. . . .

« Le gouvernement de la Défense nationale, *qui s'établit* le 4 septembre 1870, eut la *bonhomie* de croire pouvoir sauver la France avec les généraux, intendants, préfets et autres fonctionnaires de l'Empire qui, depuis un mois que la guerre était commencée, avaient tous donné des preuves de leur incapacité, de leur ineptie, de leur...! Les hommes *au pouvoir* ne voulurent jamais écouter *aucune réclamation* au sujet de cette administration civile et militaire.

« Le clérical et monarchique général Trochu fut maintenu gouverneur de Paris, et même nommé président du Conseil !

« M. Thiers l'orléaniste *accepta* l'ambassade *extraordinaire* près les gouvernements d'Angleterre, d'Autriche et de Russie, pour *tâcher de les intéresser à notre malheureuse situation !* Ces monarques furent unanimes à déclarer qu'ils sympathisaient aux souffrances de la France, *mais* qu'ils ne pouvaient intervenir en faveur d'une République dont le succès *occasionnerait* leur chute. Cette réponse était prévue par tout le monde, particulièrement par notre *fin envoyé;* car *ce diplomate* n'avait *très proba-*

blement entrepris ce voyage qu'afin *de sonder* les dispositions des cours étrangères ; il désirait surtout savoir si, le *moment venu*, les Orléans seraient *bien accueillis* par l'Europe monarchique. . . . .

« Dès ce jour, M. Thiers *se trace le programme* qu'il suivra pendant la tempête qui tourmente notre pauvre patrie !

« C'est là le point de départ de cette politique s......., consistant à *administrer la République sans le concours des républicains*. Cette idée *antédiluvienne* rallia à elle les membres de la Défense nationale, qui avaient *oublié* chez eux les *idées* démocratiques dont ils s'étaient servis pour arriver au pouvoir : MM. Jules Favre, Jules Ferry, Jules Simon, Ernest Picard, etc., et le général Jules Trochu, *le fidèle* serviteur de l'Empire.

« La France assista alors à *une chose* inouïe, qui ne s'est jamais présentée dans la vie d'aucun peuple : un gouvernement garder en fonctions tous ses ennemis, qui pendant la guerre *n'exécutaient que les ordres qu'ils voulaient..., et depuis que la paix est signée*, préparent, au moyen de toutes leurs machinations infernales, — *pendant l'essai loyal que l'Assemblée nationale fait de la République*, — le retour d'une monarchie aux pieds de laquelle ils se prosterneront servilement, hypocritement, pour arriver *par ce moyen* à la satisfaction de leur *ignoble ambition*, et renouveler ainsi un passé que nous venons de payer par la honte et la ruine. Jusqu'à ce qu'enfin une *nouvelle Révolution*, provoquée par cette inqualifiable conduite, vienne, par *son radicalisme et sa grandeur*, mettre fin pour jamais à ces misères humaines.

« Espérons que *la terrible expérience* que la nation a acquise depuis le 4 *août* 1870 lui fera éviter l'affreux précipice dans lequel les *intrigants insensés* sont prêts à la précipiter. »

Même chapitre

§ 10.

BILAN DE LA VILLE DE PARIS

depuis le 17 septembre 1870, jour de son investissement, jusqu'à la fatale journée de sa capitulation.

AVOIR

« Farine et blé, plus de....   200,000,000 k.

produisant au mininimum....   250,000,000 k. de pain, soit pour chacun des deux millions d'habitants 125 kilogrammes, qui, à raison de 500 grammes par jour, leur assuraient du pain jusqu'au 27 mai 1871.

40,000 bœufs pesant, en moyenne, 400 kilog. chacun.   16,000,000 k.

60,000 moutons pesant environ......................   2,000,000 k.

Veau et porc, environ......   500,000 k.

50,000 chevaux pesant, en moyenne 250 kil.............   12,500,000 k.

Viande fraîche .... 31,000,000 k.
par personne, 15 kilog. pour six mois, et par jour 83 grammes, jusqu'au 17 mars 1871.

Riz, légumes secs, pommes de terre.................... 40,000,000 k.
par personne 20 kilogr. pour six mois, et par jour 111 grammes.

____

71,000,000 k.

« Ce qui fait, par jour et par personne, un total de 194 grammes d'aliments, en viande et légumes, jusqu'au 17 mars 1871 , et 500 grammes de pain pour huit mois et dix jours.

« En outre, du vin, de l'eau-de-vie, du café, du sucre et du chocolat à discrétion pendant tout ce temps.

Pour mémoire, de la volaille, des œufs, des salaisons, morues, harengs, sardines, conserves, fromages, beurre, etc., et quelques légumes frais.

Telles étaient les ressources alimentaires de Paris, le 17 septembre 1870.

Voyons maintenant ses moyens de défense.

460.000 gardes nationaux, qui vers la fin d'octobre étaient tous habillés, équipés, armés, instruits et animés du plus grand patriotisme.

100.000 mobiles qui, dès le 19 septembre, à la bataille de Châtillon, se battirent comme de vieilles troupes.

____

560.000 *à reporter*.

560.000 *report.*

  35.000 soldats que le général Vinoy fit rentrer deux jours avant l'investissement.

  50,000 volontaires, marins, etc.

645.000 hommes, au total, auxquels le gouverneur de Paris et les autres membres de la Défense nationale ne cessèrent d'adresser les plus grands éloges sur leur patriotisme, leur courage, etc. (Voir les proclamations de ces Messieurs.)

« En fin octobre, M. le général Trochu disposait d'une armée formidable, munie de vivres, de munitions, d'un armement qui ne laissait rien à désirer et animée du plus grand dévouement à la patrie, décidée à se sacrifier pour conserver son honneur, son intégrité et le rang *qu'elle doit occuper dans le monde.*

« Jamais homme n'a commandé un aussi grand nombre de citoyens dont les sentiments patriotiques, le courage civique et militaire aient été aussi développés.

« Avec de tels soldats, un général *de capacité ordinaire, mais* patriote, brave et noble par le cœur, aurait anéanti l'armée allemande. »

Même chapitre

§ 10.

DOIT

« A mesure que le foin et la paille diminuaient, beaucoup de personnes faisaient — *par économie* — manger du pain à leurs chevaux ; il s'en gaspilla ainsi une très grande quantité.

« Au commencement du mois d'octobre, il fut proposé au Gouvernement de réglementer la consommation de tous les produits alimentaires, afin d'éviter de grandes souffrances à la généralité de la population en empêchant les spéculateurs et les gens riches d'accaparer, à leur profit, au détriment de la masse, la plus grande partie des objets indispensables à la vie. M. Jules Favre s'opposa à l'adoption de cette proposition, parce que, dit-il, ce serait *porter la plus grande atteinte à la liberté individuelle et commerciale.* La majorité de ses collègues se rallia à ses idées, et cette sage mesure fut repoussée !... Mais on voulut la mettre en pratique vers le 15 janvier...... Quelle ironie !

« Les prix des produits augmentèrent dans des proportions inouïes, c'était un *agiotage* scandaleux, et vers le 15 octobre la viande de boucherie fut rationnée à 30 grammes par personne et pour trois jours, soit dix grammes par jour, c'est-à-dire la *cinquantième* partie d'une livre.

« Le 15 novembre, *il n'y avait plus* que du cheval, rationné également à 30 grammes pour trois jours.

« Le 15 janvier, le pain, *sans farine, immangeable*, fut rationné à 300 grammes par personne et par jour.

« *Pendant tout le temps du rationnement*, M. Jules Ferry, maire de Paris, *mangeait*, disait-on, *à discrétion* de bon pain blanc, d'excellente viande, des légumes frais, etc.; enfin, rien ne manquait *au premier magistrat de la cité*, ainsi qu'à ses collègues de *la Défense nationale !* Dans tous les Ministères, aux états-majors, chez tous les fonctionnaires — *un peu en évidence* — et leurs familles légitimes, *et même illégitimes*, on faisait bonne chère, tandis que beaucoup de malheureux gardes nationaux et soldats *mouraient* de faim et de froid dans les tranchées et aux bastions ; les décès dans la ville atteignirent un chiffre effrayant, car du 15 novembre 1870 au 15 février 1871 il dépassa cinquante mille, au lieu de douze mille, en moyenne, qu'il est habituellement dans ces trois mois.

« Les membres du gouvernement de la Défense nationale avaient cependant proclamé *que le pain ne serait pas rationné et resterait de qualité uniforme pour tous les consommateurs, et qu'aucune exception ne serait tolérée ; qu'enfin ils partageraient nos souffrances.* (Proclamation du 14 décembre 1870.)

« C'est ainsi que furent administrées les resources alimentaires considérables que Paris possédait le 17 septembre 1870.

« Passons maintenant à sa défense.

« Dès le début de l'investissement, notre gouverneur sut, par ses *proclamations.... honnêtes*, captiver la confiance des Parisiens. Il profita de toutes les circonstances pour fortifier ces bonnes dispositions à son égard. *Tout le monde* finit par croire à sa sincérité, à son honorabilité, surtout après qu'il eut dit que la noble conduite du peuple *lui faisait aimer la République, et qu'il ne capitulerait jamais.*

« A commencer de la dernière quinzaine d'octobre, l'opinion publique ne cessa de réclamer vivement contre l'inertie du gouverneur ; elle demandait qu'il livrât de grandes batailles, convaincue que nos forces *étaient suffisantes* pour contraindre l'ennemi à lever le siége, c'est-à-dire sauver la France ! M. Jules Trochu croyait répondre à ces manifestations en disant qu'il avait *un plan et qu'il l'exécuterait quand le moment serait venu ;* il se bornait, en attendant, à livrer quelques combats, *sans d'autres résultats que celui de nous faire perdre beaucoup de monde.*

« M. de Moltke, lui, comprit bien vite *la fameuse tactique* du général Trochu !... Aussi en profita-t-il, car il le laissa exécuter *tranquillement son plan,* tandis que pendant ce temps l'*habile* général prussien disposait *librement* des armées qui nous assiégeaient *et les portait* alternativement à Orléans, au Mans, aux Andelys, à Saint-Quentin, à Dijon, dans les Vosges, etc.

« C'est ainsi que nos armées de province furent successivement battues par les masses d'ennemis qu'elles avaient à combattre, et cela grâce à ce *maudit plan Trochu*.

« Qui eût jamais pu supposer *qu'un général, gouverneur de Paris et président de la Défense nationale, aurait laissé gaspiller une partie de nos vivres ?....* Il est vrai que la capitulation s'est trouvée *toute justifiée par ce fait, puisqu'elle était devenue forcée faute de pain ! M. le général Jules Trochu*, commandant en chef toutes les forces de la capitale, avait cependant proclamé *bien haut* QU'IL NE CAPITULERAIT JAMAIS ! Si ce général eût été *animé d'un peu plus de patriotisme* et moins imbu de *préjugés monarchiques* et de *fanatisme religieux* , non-seulement Paris n'eût jamais capitulé, mais encore la France sortait victorieuse (sans aucun doute) de cette guerre monstrueuse, sans exemple !... et les rois, qui s'étaient *coalisés* pour venir voler nos richesses, auraient reçu *de leurs peuples* le juste châtiment de leur crime (ce qui est différé n'est pas perdu !) ; car la République *unissait* tous les pays d'Europe dans une immense fédération. *C'est ce que redoutait probablement* M. Trochu ; de là son plan.

« Quand le gérant d'une Société industrielle ou commerciale fait un mauvais emploi des ressources et de l'honneur confiés à sa direction..... la *justice* l'appelle à sa barre !...

« Est-ce que les hommes qui ont disposé de l'honneur et des ressources de la ville de Paris ne rendraient, eux, aucun compte de leur gestion ?... »

JEAN GRÉGOIRE.

Paris. — Imp. Nouv., rue des Jeûneurs, 14. — G. Masquin et C